少年口才

夏小佐的
脱口秀表演

当众讲话"我"最棒

时间岛图书研发中心©编绘

北京时代华文书局

图书在版编目（CIP）数据

少年口才班．夏小佐的脱口秀表演／时间岛图书研发中心编绘．－－北京：北京时代华文书局，2021.6
ISBN 978-7-5699-4197-5

Ⅰ．①少… Ⅱ．①时… Ⅲ．①口才学－少儿读物 Ⅳ．①H019-49

中国版本图书馆CIP数据核字（2021）第112953号

少年口才班　夏小佐的脱口秀表演
SHAONIAN KOUCAIBAN XIA XIAOZUO DE TUOKOUXIU BIAOYAN

编 绘 者 | 时间岛图书研发中心

出 版 人 | 陈　涛
选题策划 | 郄亚威
责任编辑 | 石乃月
封面设计 | 王淑聪
责任印制 | 刘　银

出版发行 | 北京时代华文书局 http://www.bjsdsj.com.cn
　　　　　北京市东城区安定门外大街138号皇城国际大厦A座8楼
　　　　　邮编：100011　电话：010-64267955　64267677
印　　刷 | 唐山富达印务有限公司　电话：022-69381830
　　　　　（如发现印装质量问题，请与印刷厂联系调换）

开　　本 | 787mm×1092mm　1/32　　印　张 | 1.5　　字　数 | 16千字
版　　次 | 2021年6月第1版　　　　　 印　次 | 2021年6月第1次印刷
书　　号 | ISBN 978-7-5699-4197-5
定　　价 | 160.00元（全10册）

版权所有，侵权必究

当众讲话 好口才练起来

- 好的开场白 **事半功倍**
- **主动挑战** 克服恐惧心理
- 准备充足 **不慌张**
- 找到合适的方法 **加强练习**
- 用语调的变化 **为自己添彩**

主人公登场

夏小佐

个人简介

不太守规矩,酷爱新鲜事物,任何场合都能玩得很嗨的夏小佐

夏小佑

个人简介

成绩超好,举止优雅,爱帮助别人的暖心小女孩夏小佑

贾博

个人简介

喜欢认识新朋友,口才一级棒,有时候却粗心大意到让人抓狂的贾博

米娜

个人简介

爱吃草莓,胆子小,说话温柔,爱哭又爱笑的米娜

柏丽尔

个人简介

喜欢扎马尾辫,热爱小动物的高个子女生柏丽尔

小佐妈妈

个人简介

注重形象,做得一手好菜,却害怕猫的小佐妈妈

小佐爸爸

个人简介

慢条斯理,经常挨妈妈批评的小佐爸爸

雪老师

个人简介

有学问又有耐心,非常了解孩子的班主任雪老师

苗校长

个人简介

和蔼可亲,又不失幽默风趣的胖胖的苗校长

目 录 MULU

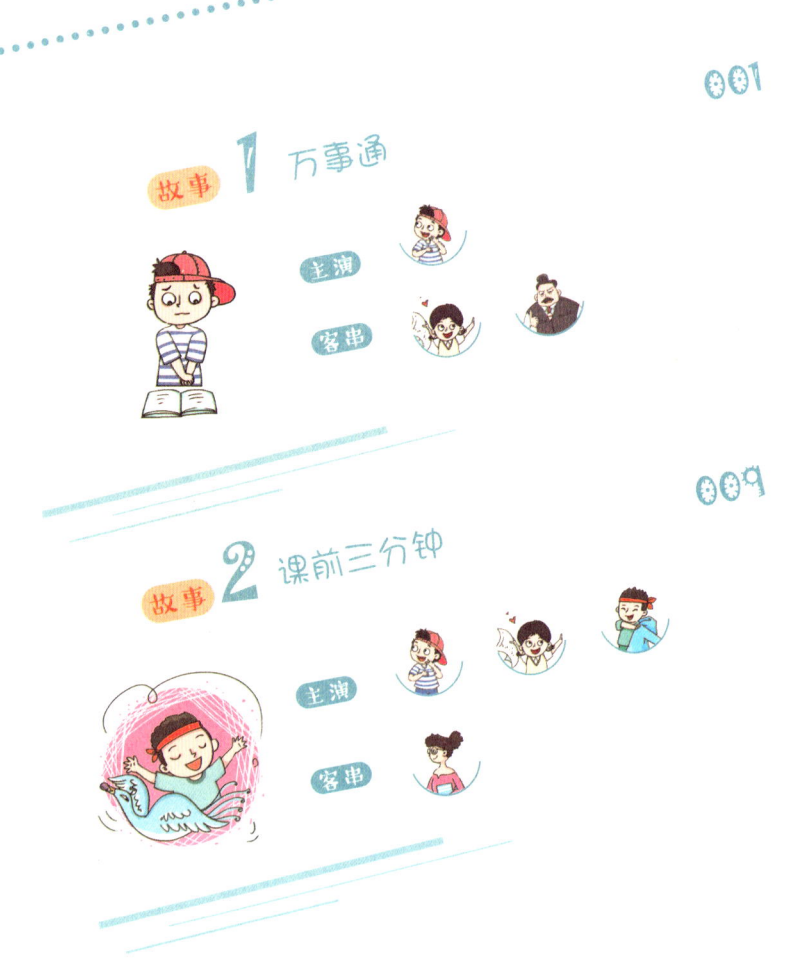

001

故事 1 万事通

主演
客串

009

故事 2 课前三分钟

主演
客串

故事 **3** 保护海洋环境　　017

主演
客串

故事 **4** 校园小广播　　025

主演
客串

故事 **5** 夏小佐的脱口秀表演　　033

主演
客串

演讲是我们所必须具备的能力之一。无论何种形式的演讲，都要提前做好细致的准备工作，这就需要孩子们学习各种演讲方法和技巧，多多用心琢磨。

最好的演讲，就是发挥语言的魅力，展现丰富多彩的内心世界，使彼此之间有感情的共鸣和思想的交流，从而打动所有人。

故事 1

万事通

上课铃响了,曹老师迈着轻快的步子走进教室。

"周五下午,其他学校的老师要来咱们学校参观,校长想从咱们班找一位同学为老师们做导游,介绍咱们的学校。这是一次难得的机会,不仅可以在全校师生面前展现自己的才华,还可以锻炼口才。希望同学们踊跃报名参加。"她一

边说一边用眼睛在教室里寻找合适的人选。

要面对那么多陌生的老师,大家都有点儿害羞,一个个低着头,就怕老师点到自己的名字。

"夏小佐,你来做导游吧。"

夏小佐一激灵,慢慢地抬起头说:"曹老师,我的口才不太好,您还是找别人吧!"

曹老师解释说:"就是因为口才不好,才应

该好好练练。这个好机会就给你了,还有三天的时间,**你要好好准备!**"

夏小佐没法再推辞了,只好不情愿地答应下来。

下课以后,他唉声叹气地趴在桌子上吐槽:"**唉**,曹老师让我好好准备,可是准备什么呢?我一点儿头绪也没有。"

夏小佑提醒他:"当然是准备和学校有关的内容,比如学校的历史、特色课程、出过哪些名人、举办过哪些精彩的活动……这些都可以给老师们介绍。"

"**啊?要准备这么多东西呀?**"

"做足了准备,心里才会有底气,这叫有备无患。"夏小佑说得一套一套的,夏小佐虽然嘴上说着不愿意,但心里是非常想把这件事做好的,毕竟这也关系到自己的面子嘛。所以,他决定按照夏小佑说的,多做一些准备。

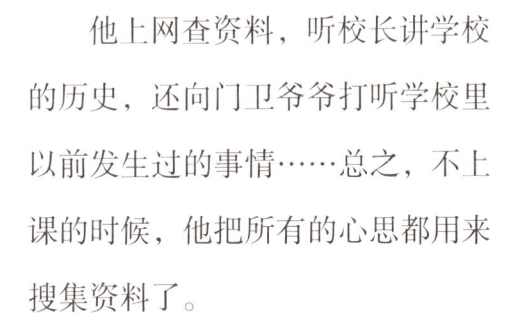

他上网查资料，听校长讲学校的历史，还向门卫爷爷打听学校里以前发生过的事情……总之，不上课的时候，他把所有的心思都用来搜集资料了。

转眼，周五到了。夏小佐穿上干净整洁的校服，戴上红领巾，雄赳赳气昂昂地去上学了。夏小佑由衷地赞叹道："哎呀，看起来很自信的样子，都准备好了吗？"

"当然，想做的事就要努力做好。"夏小佐迈着大步向前走去。

下午，参观的老师来了，夏小佐和校长一起把他们迎进学校里。夏小佐从校门口开始，带着老师们参观校园、教学楼、操场……此刻，他变成了学校万事通，把学校里的事说得头头是道，引得老师们交口称赞。

参观活动结束以后，校长表扬夏小佐："准备工作做得很不错啊，一定下了很大的功夫吧！"

"嗯，我已经好几天没踢球了。"

"表现不错,我要好好奖励你。"

说着,校长从桌子后面拿出一个足球:"这个足球送给你,这可是我的私人财产哟!"

"**谢谢校长!**"夏小佐抱着足球,乐颠颠地跑回了教室。

同学们羡慕极了,贾博说:"你挺厉害呀,竟然说得那么好。难道你当着那么多人的面讲话,一点儿也不紧张吗?"

夏小佐说:"一开始,曹老师把这个任务交给我时,我心里特别紧张,总怕讲不好给学校丢人,但经过一番充分准备后,心里就没有那么怕了。不过,这都是我妹妹夏小佑告诉我的,要不然我不能说得这么好。所以,这个足球我要送给妹妹。"

夏小佐刚说完,教室里立刻响起了雷鸣般的掌声。

老师说

俗话说"有备无患",只有做好了充分的准备,心里才会有底气,不慌张。当众说话也是这样。如果有时间,就尽可能多地准备一些材料,如果没时间准备,那么就在心里把语言组织一下,把要说的话条理清晰地说出来。

故事 2

课前三分钟

为了锻炼同学们当众说话的能力,曹老师在语文课上设置了一个"课前三分钟"的环节。利用三分钟的时间,让同学们轮流到讲台上讲一个故事。

今天轮到贾博了。他要讲的是经典神话故事《精卫填海》。俗话说,有备无患,为了这三分钟,贾博已经准备了整整一个星期,把《精卫填海》的故事倒背如流。

他跨步走上讲台，双手背在身后，一字不落地把整个故事讲了出来，比平时背课文还流利。讲完之后，他一动不动地盯着讲台下面，等待着同学们热烈的掌声。可是讲台底下静悄悄的，一点儿声音也没有。

"**曹老师**，他们都不听我讲故事。"贾博忍不住抱怨起来。

曹老师让贾博回到自己的座位上,问同学们:"你们为什么不听贾博讲故事?这样**很不礼貌**。"

夏小佐站起来说:"曹老师,不是我们不礼貌,是贾博讲故事太没意思了,我听着听着都快睡着了。"

"他那根本不是讲故事,而是在念故事。" 柏丽尔也说出了自己的意见。

曹老师看向贾博,说:"讲故事**要绘声绘色**,根据人物和情节的变化,来调整自己的声调、语速和情绪,这样才能牢牢地把听众的心抓住,吸引他们继续听下去。"

曹老师说完,贾博红着脸问:"曹老师,明天您能再给我一次机会吗?我要把这个故事重新讲一遍。"

"好啊,我们非常期待。" 曹老师对贾博敢于再次挑战的勇气,给予了极大的肯定和赞赏。

放学以后，夏小佐和夏小佑在前面走，贾博气喘吁吁地从后面追上来："小佐，小佑，请你们给我当老师，听听我讲的故事吧！我哪里讲得不好，你们告诉我，我再改正。"

贾博说得这么真诚，夏小佐和夏小佑当然不会拒绝了。三个人来到小花园里，找了一个安静的角落。这次，贾博按照曹老师说的那样讲起故

事来，夏小佐和夏小佑也耐心地指导他："精卫玩耍的时候是很开心的，语调再轻快一点儿。"

"悲伤的时候，声音要低沉一点儿。想想自己平时伤心时的样子，就能找到感觉了。"

在两个小老师的指导下，贾博进步飞快，没用多长时间，就把故事讲得绘声绘色了。

第二天，贾博自信地走到讲台上。讲到精卫在海边游玩时，他语调轻快，神采飞扬，同学们听了也跟着快乐起来。讲到精卫被大海吞没的时候，他语调低沉，眼里含着热泪，教室里所有人都感受到了一种悲伤的情绪。讲到精卫变成小鸟，要把大海填平的时候，他慷慨悲愤，浑身充满了力量。

短短三分钟，同学们跟随贾博的节奏，一会儿睁大眼睛，一会儿皱起眉毛，一会儿无奈地叹气，一会儿眉飞色舞，全都听得入了迷。故事结束以后，教室里响起了震耳欲聋的掌声。

从那以后，贾博成了班里的小故事家。同学们经常拉着他讲故事，或者向他请教讲故事的秘诀。

贾博万万没想到，自己会因为讲故事而成为大明星，高兴得快要飞起来了。不过，他可没忘记自己的两位小老师，每次有人夸他故事讲得好时，他都会说："这都得感谢我的两个小老师，如果没有他们的帮助，我肯定不会进步这么快。"

夏小佐和夏小佑听得心花怒放，都笑得合不拢嘴了。

老师说

讲故事的时候如果只是像念书一样，把故事念出来，那可真是太没趣了。仔细观察一下擅长讲故事的人，你会发现他们讲故事的时候会使用一些肢体语言，脸上的表情也非常丰富，他们的语调会随着故事情节和人物情绪的变化而不断变换。他们就像表演大师，非常善于调动听众的情绪。如果你能把他们的本领学到家，准能成为一个讲故事的高手。

故事 3

保护海洋环境

暑假,夏小佐一家到海边玩,遇到了一件糟心事。海滩上、海面上到处都是人们丢下的垃圾:饮料瓶、包装袋、饭盒、餐巾纸……把美丽的海滩变成了垃圾场。

"太恶心了,他们怎么能乱扔垃圾呢!"

夏小佑曾经在书上看见过海洋垃圾的危害,愤愤地说:"我要做一件伟大的事,提醒人们保护海洋环境。"

"你要做什么？我和你一起做。"夏小佐也看不惯乱扔垃圾的行为。

夏小佑想来想去，最后决定用演讲的方式说服人们。爸爸妈妈觉得这个方法非常不错，可是大家都是出来游玩散心的，要想说服他们，必须首先抓住他们的眼球，把他们吸引过来，并且让他们心甘情愿地听下去。

"我负责把他们吸引过来。"夏小佐自告奋勇。

"那我就负责演讲的内容，牢牢地抓住他们的心。"夏小佑虽然不太习惯在许多陌生人面前说话，但为了美丽的大海和可爱的海洋动物，她决定试一试。

他们回到住的地方，准备了整整一天。第二天清晨，人们正聚集在海滩上看日出,忽然,一阵响亮急促的鼓声响起来。

"咚咚咚……"

原来,夏小佐买了一面小鼓挎在腰上,一边敲一边吆喝:"大家快来看啊,好戏马上就开始了。不来肯定会后悔的!"

这时,夏小佑拿着一个画画用的架子放在夏小佐身旁,架子上面蒙着一块蓝花布。人们好奇地看着他俩,心里想:"他们要干什么?过去看看。"

于是,大家三三两两地凑过来,把夏小佐和夏小佑围了个水泄不通。夏小佐见人来得差不多了,对夏小佑挤挤眼睛说:"下面的事情就交给你了。"

夏小佑打开爸爸的手机，在舒缓动听的音乐声中，微笑着说："各位大朋友、小朋友，你们见过海豚吗？"

"**见过！**"人们七嘴八舌地回应着。

这个时候，手机里出现了海豚的叫声，大家惊喜万分地感叹道："海豚的叫声**多么迷人啊！**"

夏小佑点点头，脸上的笑容突然消失了："可是，我今天要说的这只小海豚非常悲惨，它再也没办法发出这样的叫声了。"

"**为什么？**"人们惊奇地盯着夏小佑。

夏小佑悲伤地说："它吃了被人类扔进大海中的塑料袋，吐不出来也咽不下去，最后被活活地憋死了。"

夏小佑揭开蒙在架子上的蓝花布，一张张触目惊心的照片出现在了人们眼前，照片中有被塑料袋卡住的小海豚，有被碎玻璃划伤的海龟，有被铁圈紧紧缠住的海豹，还有肚子里装满垃圾，因为无法消化而死掉的鲸鱼。

夏小佑流着眼泪,给大家讲述了海洋生物面临的危险,深深地震撼了所有人。他们含着眼泪纷纷表态,说以后再也不随便乱扔垃圾了。有人决定放弃休假的时间,在大海边捡拾垃圾,还有人要和夏小佐、夏小佑一起宣传保护海洋环境的重要性,希望引起更多人的重视。

总之,这场演讲活动非常成功。爸爸妈妈对

兄妹俩的表现赞不绝口。要是换作以前,夏小佐早就骄傲地翘尾巴了,但这次他好像长大了,谦虚地说:"这都是小佑的功劳,她的演讲太棒了,一开口就牢牢地把人抓住了。"

"这个开场白,我可是想了一天一夜呢,黑眼圈都出来了。"夏小佑用手指指自己的眼睛。她的眼睛里布满了红血丝,看起来非常疲惫,大家都很担心。不过夏小佑却不在意:"黑眼圈怕什么,只要能够给大海和生活在大海中的动物们提供一点点帮助,我心里就非常高兴。今后,我还要多多做些有关环境保护的宣传工作,更要从今天就行动起来!"

老师说

演讲的时候，我们总是担心自己讲得不好，台下的人不喜欢听。这个时候，不妨学学夏小佑，设计一个精彩的开场白，从一开始就引起听众的兴趣，从而牢牢地抓住他们的心。当大家都有兴趣听的时候，你就成功了一半。

故事 4

校园小广播

清晨，当同学们走进校园的时候，校园里的小广播就开始了。广播员是两个六年级的学生，他们用自己的声音讲述着学校里发生的事情，深受大家的喜爱。

每次听见喇叭里传出广播员的声音，米娜就十分羡慕，她经常偷偷在心里想：

"要是我能当上广播员那该多好啊！"

这天,学校的公告栏里突然贴出一条招聘启事:学校里的两个广播员马上就要毕业了,不能再为同学们服务了。因此,学校决定重新选拔两名新的广播员,请感兴趣的同学找自己的班主任报名。

"啊!学校要招广播员了!"米娜兴奋地握紧拳头。可是一秒钟后,她的眼神又黯淡下来了,"算了吧,我的声音不好听,当不了广播员。"她低着头,闷闷不乐地走向教学楼。

站在她身后的夏小佑把刚才的一切看得清清楚楚，她追上米娜问道："你真的想当广播员吗？"

"嗯……不……"米娜点点头又摇摇头，夏小佑看穿了她的心思，鼓励她道："既然喜欢，那就试一试吧！不然你会后悔的。"

米娜叹了口气没说话，但这件事却一直在她脑海里打转转，赶都赶不走。于是，她一咬牙，一跺脚，下了一个很大的决心："为了实现自己的梦想，我要战胜心里的恐惧，主动迎接挑战！"

大课间，米娜来到曹老师办公室，小声说："曹老师，我想应聘广播员。"

米娜平时胆子最小，从来不敢在很多人面前讲话。有一次，数学老师让她到讲台上为大家讲解一道题，她还紧张得手足无措，一句话也说不出来，最后哭着从讲台上跑下来。从那以后，她

更不敢当众讲话了。这次，曹老师看见米娜这么勇敢地来报名，由衷地为她感到高兴。

"**太好了**，我就知道米娜会变得越来越勇敢。放心大胆地去面试吧，你的声音非常迷人，**加油**！"

曹老师的话让米娜大受鼓舞，走出办公室的时候，她不自觉地挺直了腰板，不再那么紧张了。

为了这次面试，米娜下了很大的工夫做准备。从服装到头发，从自我介绍到文艺节目，她都做了充分的准备。为了战胜在人前说话就**紧张**的毛病，她还让朋友们假扮成面试的老师，一次又一次地模拟面试的场景。一转眼，面试的时间到了，米娜**勇敢地**站在负责考核的几位老师面前，为他们唱了一首歌，讲了一个故事。虽然还是有一点点紧张，但她对自己的表现非常满意。老师们也为她打出了很高的分数，只是结果有一点遗憾，米娜的分数排在了第三名，而广播员只招两名，所以米娜落选了。

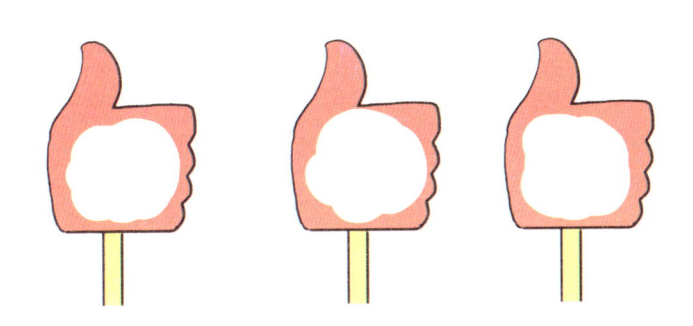

结果宣布以后，米娜的心里非常失落。她向老师礼貌地鞠了一躬，转身去开门。这时，一位老师突然叫住她说："米娜同学，听说你的胆子特别小，不敢在人们面前说话。做广播员，是要给全校好几百名老师和同学服务，你难道不害怕了吗？"

"我还是有点儿害怕，"米娜坚定地说，"但我喜欢做广播员，我想像大哥哥大姐姐一样，给大家讲故事、播新闻，而且做广播员还可以锻炼我的口才，让我不再害怕当众说话。不过，这次没被选上没关系，我以后会多多参加学校的活动，让自己变得越来越勇敢的。"

说完这番话,米娜一身轻松地走出了房间。一出门,她立刻愣住了:夏小佐、夏小佑、柏丽尔、贾博都在外面等着她呢!

"**选上了吗?**"他们异口同声地问。

"没有,我们回教室吧!"米娜脸上笑眯眯的,没有一丝悲伤的情绪。

"**米娜变了。**"

"是啊,要是以前遇到这种情况她早就哭了。"

"她能站在好几位面试老师的面前展示自己,已经非常了不起了。"

几个小伙伴议论纷纷,都佩服起米娜的勇气来。

老师说

　　每个人当众说话的时候，都会或多或少地感到紧张。不信你可以问问你的老师，他们刚刚登上讲台的时候，也会紧张害怕。但他们没有退缩，而是勇敢地战胜心里的恐惧，不断提升，变得越来越从容。小朋友也要勇敢地试一试哟！

故事 5

夏小佐的脱口秀表演

最近夏小佐迷上了一档脱口秀节目,演员站在舞台上,面对数不清的观众说得滔滔不绝,简直太有魅力了。

"**我也要做脱口秀演员!**"夏小佐信誓旦旦地宣布道。

爸爸说:"有梦想是好事,我们全力支持。但是台上一分钟,台下十年功,别看人家在台上说得很轻松,私底下可是下了大功夫的。如果你

想表演脱口秀，也必须像那些优秀的艺术家一样刻苦练习。"

"我有天赋，不用练习也能说得很好。"夏小佐对自己非常有信心。

"既然这样，那你先来为我们表演一场脱口秀吧！"爸爸真的把客厅布置成了一个小型的舞台，又把几个同学叫到家里来，大家围坐在一起，等着看夏小佐的脱口秀。

"老爸，不用这么认真吧？"夏小佐看着这个

阵势，心里有点儿发怵。但说出去的话就像泼出去的水，是收不回来的，只能硬着头皮上了。

夏小佐站在舞台中间，心里不停地打鼓。他搜肠刮肚，把自己平时看来的段子全都说了一遍，可是底下的"观众们"不领情。不是嫌段子不新鲜，就是埋怨夏小佐说得太快，或者吐字不清楚。好好的脱口秀，变成了夏小佐的批斗大会。

同学们都离开以后,夏小佐羞愧地说:"看来表演脱口秀真的没有那么容易。"

"那是,每个人的成功都不容易。"

后来,爸爸帮着夏小佐从网上找来很多脱口秀演员刻苦练习的故事和作品。夏小佐一边看一边研究演员说话时的表情、手势,看完以后自己就对着镜子模仿。除此以外,他在生活中还特别留心,听见好玩的、有趣的话,就悄悄记下来。为了锻炼当众讲话的能力,他还到公园里大声朗诵。面对陌生人投来的目光,他变得越来越从容。

坚持了一段时间以后,夏小佐的口才有了突飞猛进的提升。

"爸爸妈妈,下面请欣赏我的脱口秀。"

爸爸妈妈一开门,发现家里又变成了一个小舞台。再次邀请来的小伙伴围坐一圈,夏小佐自信满满地坐在舞台中央,正从容不迫地给小伙伴们表演。

这一次,他大方从容,举手投足间还真有几

分脱口秀演员的样子呢!而且,他讲的段子新鲜有趣,大家都很喜欢听。

"夏小佐,你简直和电视上的脱口秀演员一模一样。"贾博突然看了夏小佐的爸爸一眼,神神秘秘地说,"看来,夏叔叔的方法很管用啊!"

"嗯?什么方法?你们在说什么?"夏小佐立刻从舞台上冲下来,站在爸爸和贾博中间。

爸爸笑着说："上次，我只是和你的同学们演了一场戏，让你看到了自己的不足，你才肯下功夫好好练习，有了这次的进步。"

原来是这么回事，夏小佐明白了爸爸的良苦用心，但他转念一想，担心地问："这次你们夸我演得好，不会也是在演戏吧？"

"不是不是，我们是真心夸你的。这次你确实表演得很好。"大家都纷纷竖起了大拇指。夏小佐的心啊，终于踏实了。

老师说

　　说话是一门技术活。你看那些演说家、主持人在台上说得多好啊,但他们不是天生就会说话的,而是通过长期不断地学习和刻苦地练习,才得到人们的认可。如果你也想像他们一样,优雅风趣地在众人面前表达自己,那么就要像他们一样努力学习,多多练习。